MIA
KARLA
PIT
MIA
KARLA

Dieses Buch kann alleine lesen:

____

Freche Silben-Geschichten

CARLSEN

Silbe für Silbe zum Lese-Erfolg

Liebe Eltern,

Leseanfänger lesen langsam. Sie müssen jedes Wort Buchstabe für Buchstabe, Silbe für Silbe erlesen. Alle Wörter der Geschichten in diesem Band sind in farbigen Silben markiert. Diese kurzen Buchstabengruppen können Leseanfänger schneller erfassen als das ganze Wort.

Bei den markierten Silben handelt es sich um Sprechsilben. Das heißt, die Wörter sind so in Silben aufgeteilt, wie sie gesprochen werden. Die Sprechsilben entsprechen fast immer auch der möglichen Worttrennung, also den Schreibsilben.

Nur bei der Trennung einzelner Vokale gibt es einen Unterschied: Nach den aktuellen Rechtschreibregeln werden einzelne Vokale am Wortanfang oder -ende nicht abgetrennt. Beim Sprechen unterteilen wir solche Wörter jedoch in mehrere Silben, daher sind sie in diesem Band ebenfalls mit unterschiedlichen Farben markiert: Oma, Radio.

Ihnen und Ihrem Kind viel Spaß beim Lesen!

Inhalt

KREIDE

Das Gespenst im Besenschrank

Eine Geschichte von Ursel Scheffler

mit Bildern von Marion Elitez

Ein neuer Schüler

Der Neue in der Klasse heißt Mike.
Er ist ein Jahr älter als Pit und Anton
und hat lockige dunkle Haare.
Mit seiner coolen Sonnenbrille
sieht er wie ein Filmstar aus,
finden Anna, Mia und Karla.

Mike kommt aus Berlin.
Er sagt immer „icke“ statt ich.
Außerdem weiß und kann er immer alles.
Sein Lieblingsspruch ist:
„Null Problemo!“

Als Anna die schwarze Spinne
auf der Fensterbank entdeckt,
rennen alle kreischend weg.
Auch Pit und Anton.
Mike sagt: „Null Problemo!“
Er geht zum Fenster
und lässt die fette Spinne
auf seine Hand krabbeln.

Dann schüttelt er sie aus dem Fenster.
„Mann, ist der cool!", sagt Mia
beeindruckt.
„Du hast wohl vor gar nichts Angst?",
sagt Karla zu Mike.
Mike schüttelt stolz den Kopf.
„Auch nicht vor Mäusen?", fragt Mia.
Mike grinst: „Ich liebe Mäuse.
Fast so sehr wie eine hungrige Katze."

„Aber bestimmt gruselst du dich
vor Geistern und Vampiren?“, fragt Anna.
„Kinderkram!“, antwortet Mike.
„Das erschreckt doch nur Babys!“
Er lacht spöttisch. Und dann erzählt er
von der gefährlichen Anakonda,
die bei Nachbarn im Klo war.
„Die hab ich so lange mit der Feuerzange
festgehalten, bis die Polizei kam!“

„Der will mit seiner Angeberei doch nur die Mädchen beeindrucken“, sagt Anton. „Bestimmt würde er dafür auch glatt Kellerasseln oder Regenwürmer fressen“, knurrt Pit ärgerlich.
Das klingt fast ein bisschen eifersüchtig, findet Ali.

Leserätsel

Aus welcher Stadt kommt Mike?

P Bremen

T Bern

G Berlin

Was ist Mikes Lieblingsspruch?

A Voll cool!

E Null Problemo!

O Null Ahnung!

Mike fürchtet sich angeblich

S vor Spinnen.

D vor Monstern.

I vor nichts und niemandem.

Mike liebt

- [R] Mia.
- [S] (angekreuzt) Mäuse.
- [L] Katzen.

Anakonda ist der Name

- [N] einer Popsängerin.
- [T] (angekreuzt) einer Schlangenart.
- [M] einer Darmkrankheit.

Die Buchstaben neben den richtigen Antworten ergeben ein Lösungswort:

G E I S T

So ein Angeber!

Es ist ein warmer Frühlingstag.
Die Freunde aus der 2a verabreden sich
für den Nachmittag zum Schwimmen.
„Kann ich mitkommen?“, fragt Mike.
„Wenn du mit Karla um die Wette
schwimmst?“, sagt Anna spöttisch.
„Null Problemo“, antwortet Mike.

„Ich wette um eine Tafel Schokolade, dass Karla gewinnt“, sagt Mia. Karla ist die beste Schwimmerin der Klasse. Im Herbst wird sie neun Jahre alt. Dann will sie das goldene Jugend-Schwimmabzeichen machen.

Anna ahnt nicht, dass Mike in Berlin
im Schwimmverein war.
Er hat das goldene Schwimmabzeichen
schon!
So wird es ein Kopf-an-Kopf-Rennen.
Die Freunde aus der 2a stehen am
Beckenrand und feuern Karla an:
„Kar-la! Kar-la! Kar-la!“
Die schwimmt ihre persönliche Bestzeit:
50 Meter in 59 Sekunden!

Aber es reicht nicht ganz.
Mike geht eine halbe Länge
vor Karla ins Ziel.
Pit macht mit seinem Handy das Zielfoto.
Darauf sieht man es genau!
„Null Problemo!“, grinst Mike, als er sich
das Wasser aus den Haaren schüttelt.
„Und jetzt her mit der Schokolade!“

„Irgendwie müssen wir Mike beweisen, dass er nicht *Superman* ist!“, sagt Anton. „Hat einer von euch eine Idee?“

„Nächste Woche ist doch unsere Lesenacht“, ruft Ali. „Da könnten wir einen Geisterspuk planen. Angeblich fürchtet er sich ja nicht mal vor Gespenstern.“

„Ich weiß was!“, ruft Anton plötzlich.
„Wir brauchen Popcorn, dünne Schnur,
Hexenbesen, Leuchtfarbe,
Geisterschleim und das Gerippe
aus der Besenkammer.“
Die vier diskutieren und planen.
„Das wird ein Hit!“, jubelt Olli.
Den Mädchen verraten sie vorerst nichts.

Leserätsel

Mia wettet mit Mike

7 um eine goldene Badehose.

5 um eine Tafel Schokolade.

8 um eine Tasse heiße Schokolade.

Karla ist die beste

8 Schwimmerin der Klasse.

3 Schwindlerin der Klasse.

5 Ringerin der Klasse.

Die Zahlen neben den richtigen Antworten verraten dir, in welcher Zeit Mike die 50 Meter geschwommen ist:

5 8 Sekunden

Hier sind sieben Dinge versteckt,
die es im Schwimmbad gibt.

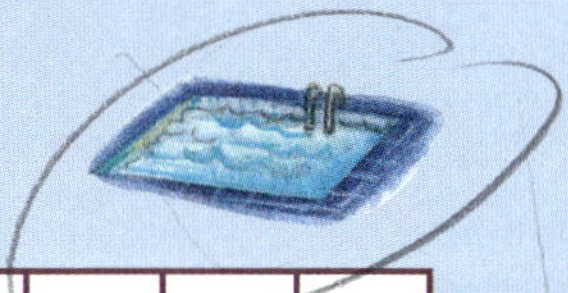

Z	A	R	S	E	F	P	W	E	S	U
S	P	R	U	N	G	B	R	E	T	T
C	K	L	M	R	H	E	A	B	N	N
H	A	N	D	T	U	C	H	Y	W	E
W	I	E	Z	O	D	K	I	M	A	S
I	S	L	B	A	D	E	H	O	S	E
M	S	O	K	D	A	N	C	K	S	A
M	N	D	U	B	E	R	K	D	E	L
E	L	S	T	O	P	P	U	H	R	H
R	O	D	I	B	R	A	J	E	Q	U

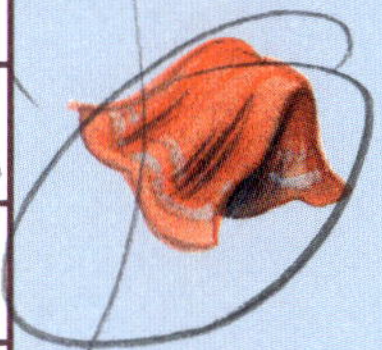

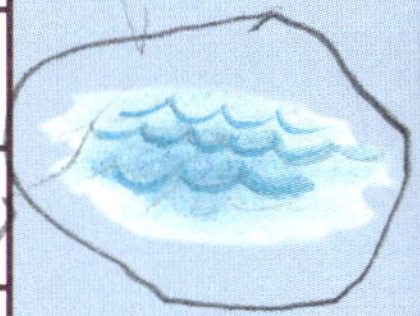

Ein Geist hat alle Vokale gestohlen.
Erkennst du die Wörter trotzdem?

H _E_ X _E_ N

L _E_ S _E_ N _A_ C H T

G _E_ S P _E_ N S T

V _A_ M P _I_ R

B _E_ S _E_ N S C H R _A_ N K

Spuk in der Lesenacht

Endlich ist die Lesenacht da.
Das Klassenzimmer ist
mit Fledermäusen und
Pappgespenstern dekoriert.
Es ist schummerig wie
in einer Geisterbahn.
Nur am Pult brennt eine Leselampe.
Ein aufgeschlagenes Buch liegt daneben.
Jeder darf ein Stück aus
der Vampirgeschichte vorlesen.

Zuerst sind die Mädchen dran.

Dann kommt die Reihe an Mike.

Als er zu lesen anfängt, beginnt der Popcorneimer auf dem Pult zu wandern.

An der Tischkante fällt der Eimer herunter.

Mike fährt zusammen und schaut kurz auf.

Dann liest er schnell weiter.

„Das schöne Popcorn!“, klagt Anna.
„Wir brauchen einen Besen“, ruft Anton.
„Der ist hinten im Flur im Besenschrank“,
bemerkt Pit. „Aber da bringen mich
heute keine zehn Pferde hin.
Es ist doch Walpurgisnacht.“
„Hä?“, macht Mike.
„Heute reiten die Hexen durch die Luft“,
sagt Ali. „Da holen sie sich Besen,
wo sie sie nur kriegen können.“
„Quatsch!“, sagt Mike. „Ich hol den Besen.“
Darauf haben die Jungen nur gewartet.
Kaum ist Mike verschwunden,
hört man draußen einen entsetzten Schrei.

Kreidebleich stürzt Mike zurück
ins Klassenzimmer.
„Ein Gespenst! Im Besenschrank!“,
japst er. „Es hat mich mit grünem
Schleim bespuckt!“
„Lies ruhig weiter, Superman!“, sagt Anton
und zwinkert seinen Freunden zu.
„Ich werde rausgehen und das Gespenst
verjagen.“

Infoseite
Die Walpurgisnacht

Das Lesefest der Klasse 2a findet in der Nacht vom 30. April zum 1. Mai statt, in der *Walpurgisnacht*. Der Sage nach treffen sich in dieser Nacht Hexen und Teufel zum Tanz ums Hexenfeuer. Sie reiten auf Besen und Mistgabeln, begleitet von Katzen oder Raben, zu ihrem schrillen Jahresfest.

Bei uns in Deutschland findet der Hexentanz auf dem Brocken im Harz statt, wo das Brauchtum heute noch intensiv gepflegt wird.

Ursprünglich war die Mainacht ein germanisches Frühlingsfest, auf dem man mit großem Spektakel die Wintergeister vertreiben und die sommerliche Jahreszeit begrüßen wollte. Das Halloween-Fest ist das herbstliche Gegenstück am Ende des Sommers.

Um dieses heidnische Fest umzudeuten, hat man es später nach der heiligen Walpurgis benannt, die am 1. Mai heiliggesprochen wurde. Sie wurde als Schutzheilige gegen böse Geister angesehen.

Lösungen

Seite 16/17:

Mike kommt aus Berlin.
Mikes Lieblingsspruch ist:
„Null Problemo!“
Mike fürchtet sich angeblich vor nichts und niemandem.
Mike liebt Mäuse.
Anakonda ist der Name einer Schlangenart.
Das Lösungswort lautet GEIST.

Seite 24/25:

Mia wettet mit Mike um eine Tafel Schokolade.
Karla ist die beste Schwimmerin der Klasse.
Die Lösung lautet 58 Sekunden.

Z	A	R	S	E	F	P	W	E	S	U
S	P	R	U	N	G	B	R	E	T	T
C	K	L	M	R	H	E	A	B	N	N
H	A	N	D	T	U	C	H	Y	W	E
W	I	E	Z	O	D	K	I	M	A	S
I	S	L	B	A	D	E	H	O	S	E
M	S	O	K	D	A	N	C	K	S	A
M	N	D	U	B	E	R	K	D	E	L
E	L	S	T	O	P	P	U	H	R	H
R	O	D	I	B	R	A	J	E	Q	U

HEXEN, LESENACHT, GESPENST,
VAMPIR, BESENSCHRANK

Alles, nur nicht Pink!

Eine Geschichte von Ursel Scheffler

mit Bildern von Marion Elitez

Fußball und Klamotten

Seit dem letzten Herbst
sind Anna und Lucy in der 2 a.
Genau wie Karla, Mia,
Anton, Ali, Pit und Olli.
Weil sie nah beieinanderwohnen,
treffen sie sich morgens auf dem Schulweg.
Früher sind sie immer alle
gemeinsam gegangen.

Aber jetzt rennen die Jungen
meist vorweg.
Sie tauschen Fußballbilder,
reden über Autos oder über
die Bundesliga.
Männersachen eben.
Die Mädchen laufen langsamer hinterher.
Sie haben sich eine Menge zu erzählen.

„Meine Tante Mara ist beim Fernsehen.
Die hat total coole Klamotten!“,
erzählt Lucy.
„Mein Onkel Max ist Bauchredner!“,
kichert Mia. „Der kann seinen Stoffraben
pupsen lassen.“
Das finden die anderen noch toller!

„Wartet einen Augenblick“, sagt Karla,
als sie beim Kiosk vorbeikommen.
„Ich hole mir einen Müsliriegel.“
Lucy blättert in einer Modezeitschrift.
„Dafür wäre mir mein Taschengeld
zu schade“, sagt Anna.
„Komm, wir müssen weiter!“

In der großen Pause spielt Karla
mit den Jungen Fußball.
„Hast du gesehen, wie Karla
dem frechen Anton den Ball
abgeluchst hat?“, sagt Mia zu Anna.
„Toll!“

Und dann reden sie über die Jungs.
„Ich finde Olli am besten“, sagt Mia.
„Und ich Ali“, sagt Anna.
„Der muss immer die alten Klamotten
von seinem großen Bruder auftragen“,
sagt Lucy und rümpft die Nase.
„Darauf kommt es doch nicht an!“,
sagt Anna.
„Also, ich finde Klamotten schon wichtig“,
sagt Lucy. „Heute Nachmittag gehe ich
mit meiner Tante shoppen.“

Leserätsel

Was sind Klamotten?

T Kleine Tiere, die Löcher in Pullover fressen

S Lässige Bezeichnung für Kleider

P Geklaute Kleidungsstücke

„Ich gehe shoppen“ heißt:

E Ich trinke ein Fläschchen.

R Ich schlafe eine Runde.

C Ich kaufe ein.

Wen findet Anna am besten?

I Olli

H Ali

K Superman

Mias Onkel Max ist

O Seiltänzer.

R Bauchredner.

T Pupsweltmeister.

Lucys Tante Mara arbeitet

EI beim Fernsehen.

AU bei der Zeitung.

AI am Kiosk.

Die Buchstaben neben den richtigen Antworten ergeben ein Lösungswort:

Der letzte S C H R E I!

Ein Traum in Rosa?

„Wie siehst du denn aus!“, ruft Anna,
als Lucy am nächsten Tag
zum Treffpunkt an der Eisdiele kommt.
Lucy hat einen rosa Tüllrock und
rosa Leggings an.
Außerdem noch rosa Glitzerschuhe.
„Ich finde das schick“, sagt Lucy trotzig.
„Aber praktisch ist es nicht“,
sagt Anna.

Doch Lucy lässt sich von ihrem
Modefimmel nicht so schnell abbringen.
Schließlich will sie mal Model werden.
Oder zum Fernsehen, wie Tante Mara.
Dann werden alle gucken.
Auch die, die jetzt Karla bewundern
oder über Annas Witze lachen.

Jeden Tag fällt Lucy etwas Neues ein. Sie lackiert sich die Fingernägel pink. Sie klebt Tattoo-Bilder auf Arme und Bauch und färbt sich rosa Strähnchen ins Haar.

„Jetzt spinnt sie voll“, sagt Anna zu Mia.
Auch die Jungen lachen über Lucy.
„Die sieht aus wie die Barbie-Puppe
von meiner kleinen Schwester!“, sagt Pit.
„Aufgebrezelt wie eine Zirkusprinzessin“,
grinst Olli.
„Hast du auch ein rosa Tattoo am Po?“,
fragt Anton frech.

Lucy dreht sich um und
kämpft mit den Tränen.
Da tut sie Anna leid.
Schließlich war Lucy mal ihre Freundin.
Damals, als sie noch kein Albtraum
in Pink war.

Anna versucht, mit Lucy zu reden.
Aber die ist störrisch.
Sie hat ihre rosa Glitzerwelt im Kopf
und sonst nichts.

Leserätsel

Was ist ein Tattoo?

N Ein Feuerwehrauto

M Eine Tätowierung

F Ein Tasteninstrument

Was sind Leggings?

A Kleine Legosteine

U Junge Pinguine

O Eng anliegende Hosen

Was ist bei Schweinchen, Himbeereis und Heckenrosen gleich?

S Geruch

H Geschmack

D Farbe

Was ist ein Albtraum?

N Ein rosa Traum

E Ein böser Traum

F Ein alberner Traum

Die Buchstaben neben den richtigen Antworten ergeben ein Lösungswort:

___ ___ ___ ___

Löse das Kreuzworträtsel.

In den bunten Feldern ergibt sich ein Lösungswort: ___ ___ ___ ___ ___ ___

Lucy sieht rot

Da hat Anna eine Idee.
Die bespricht sie noch am gleichen Tag
mit den anderen.
„Wir beweisen Lucy,
dass es unter Freunden
nicht auf die Klamotten ankommt“,
sagt Anna.
„Aber wie?“, fragt Mia.

„Ganz einfach: indem wir uns alle
gleich anziehen“, sagt Anna ernst.
Es dauert ein bisschen,
aber dann hat Anna alle überzeugt.
Auch die Jungen!
Karla spricht mit ihrem Trainer
vom Sportverein.
Der besorgt ganz billig 23 rote T-Shirts.
Annas Onkel Max spendiert 23 Buttons
mit dem Aufdruck „Klasse 2 a“.

Als Lucy am Montagmorgen
in ihren neuen rosa Klamotten
ins Klassenzimmer kommt, sieht sie rot!
Alle Kinder in der Klasse haben
rote T-Shirts an!
Einen Augenblick lang bleibt Lucy
wie erstarrt stehen.
Sie kommt sich wie ein Fremdkörper vor.

Zuerst will Lucy wegrennen.
Doch dann begreift sie die Botschaft.
Sie dreht sich um und sagt:
„Okay. Ich hab verstanden.
Es kommt nicht auf die Klamotten an.
Habt ihr auch so ein rotes Teil für mich?“
„Haben wir“, sagt Anna und lächelt.
„Schließlich bist du eine von uns.“

Infoseite
Kleider machen Leute

Kleider machen Leute! So heißt ein altes Sprichwort. Klar, dass man immer ordentlich angezogen sein soll. Aber findest du nicht, dass Lucy übertreibt? Sie rennt jeder Modeverrücktheit nach und neigt leider dazu, auch andere nur nach ihrem Äußeren zu beurteilen.

Manche Kinder in der Klasse 2a können sich nicht so oft neue Sachen kaufen. Das macht sie traurig. Vielleicht auch neidisch.

Das ist sicher auch ein Grund, warum es in vielen Ländern Schuluniformen gibt.

Auch bei uns gibt es Schulen oder Klassen, in denen freiwillig Schulkleidung getragen wird.

Vielleicht habt ihr ja auch Lust, ein Schul-Logo oder ein Klassen-T-Shirt zu entwerfen?

Lösungen

Seite 42/43:
Klamotten sind eine lässige Bezeichnung für Kleider.
„Ich gehe shoppen“ heißt: Ich kaufe ein.
Anna findet Ali am besten.
Mias Onkel Max ist Bauchredner.
Lucys Tante Mara arbeitet beim Fernsehen.
Das Lösungswort lautet: Der letzte SCHREI!

Seite 50/51:
Ein Tattoo ist eine Tätowierung.
Leggings sind eng anliegende Hosen.
Schweinchen, Himbeereis und Heckenrosen haben die gleiche Farbe: Rosa.
Ein Albtraum ist ein böser Traum.
Das Lösungswort lautet: MODE.

M	Ü	T	Z	E		
K	L	E	I	D		
			R	O	C	K
J	A	C	K	E		
S	C	H	U	H	E	
B	L	U	S	E		

Das Lösungswort lautet: ZIRKUS.

Viel Zirkus um die Neue

Eine Geschichte von Rudolf Herfurtner

mit Bildern von Dorothea Tust

Das neue Mädchen

Heute bringt Frau Bode ein neues Mädchen mit in die Klasse.
„Das ist Duschka“, sagt sie. „Sie ist hier zu Besuch und geht solange in unsere Klasse.“
Die Kinder tuscheln. Jana, Chrissi und Mia flüstern: „Die sieht komisch aus!“
„Wo die wohl herkommt?“
„Wahrscheinlich Ausländerin, oder?“
„Ruhe!“, ruft Frau Bode. „Wir sind nett zu unserem Gast! Klar?“

Aber in der Pause rennen alle einfach raus und lassen Duschka allein stehen.
„Geheimbesprechung der Detektivinnen im Hof!“, flüstert Jana. „Also passt auf! Die ist verdächtig! Erstens redet sie nicht und zweitens: der Name!“
Boris und Michi kommen vorbei.
„He, Boris“, ruft Chrissi, „ist die Neue aus Russland? Duschka klingt so russisch.“
„Oder wie Duschkabine“, lacht Mia.
„Weiß nicht“, sagt Boris.
„Wir finden's sowieso raus“, sagt Jana.
„Spinnt ihr schon wieder rum mit eurem Detektivspiel?“, stöhnt Michi.

Nach der Schule verstecken sich die drei Detektivinnen und warten, bis das fremde Mädchen aus dem Schulhaus kommt. Jana verstellt dem Mädchen den Weg. Als Duschka zurückweicht, steht plötzlich Chrissi hinter ihr. Und als das Mädchen auf die Straße ausweichen will, hält Mia sie auf: „He, Duschka oder wie du heißt! Hast du vielleicht Angst?“

Duschka schaut sich um. Hinter ihr ist eine hohe Mauer. Aber vor der Mauer steht ein Baum.
„Das könnte gehen“, denkt Duschka.
Sie schaut Mia an und grinst.
Im nächsten Augenblick klettert sie flink wie ein Eichhörnchen den Baum hinauf.
Dann springt sie auf die Mauer hinüber, winkt und ist weg.
Michi und Boris stehen auf der anderen Straßenseite und lachen.
„Die kriegt ihr nie!“, ruft Michi.

„Und ob wir die kriegen!“, zischt Jana. „Den drei Detektivinnen entkommt keiner. Los!“

Sie rennen um die Gartenmauer herum – keine Spur von Duschka!

„Weiter!“, ruft Chrissi. „Sie kann noch nicht weit sein.“

Sie biegen wieder um eine Ecke und da sehen sie Duschka. Und Duschka sieht sie auch. Aber sie zeigt keine Angst. Sie lacht und winkt und rennt los.

„Die kriegen wir!“, ruft Jana.

Die Mädchen jagen Duschka durch die ganze Siedlung. Sie geben nicht auf. Aber Duschka ist immer ein bisschen schneller. Es sieht fast so aus, als wäre alles nur ein lustiges Spiel für sie.
Doch je länger Duschka wegläuft, desto verdächtiger wird sie für die Mädchen.
„Wahrscheinlich kann die nicht mal Deutsch“, sagt Chrissi.
„Und was soll das überhaupt heißen: zu Besuch?“, sagt Jana.
„Ich möchte wissen, was die hier macht“, sagt Mia.

Und dann macht Duschka einen Fehler.
Sie läuft in eine Sackgasse.
Am Ende dieser Sackgasse gibt es keine Mauer, über die sie klettern könnte.
Am Ende dieser Sackgasse fließt ein Kanal, zehn Meter breit, tiefes graues Wasser.
Gleich rechts gibt es ein Wehr.
Dahinter stürzt das Wasser bedrohlich sprudelnd in die Tiefe.
„Jetzt haben wir sie“, sagt Jana leise.
Langsam rücken die Mädchen gegen Duschka vor.

Gleich werden sie mit einem Verhör beginnen. Kein Geheimnis kann vor den drei Detektivinnen bestehen.
Duschka schaut sich um. Das Wehr ist mit einem Gitter und Stacheldraht gesichert.
Da kann keiner rüber.
Kurz vor dem Wehr ist ein Stahlseil über den Kanal gespannt. Wenn jemand reinfällt, kann er sich daran festhalten, damit er nicht in den lebensgefährlichen Wasserfall hinter dem Wehr gerät.
Was soll Duschka machen?

Leserätsel

Was stimmt? Kreuze an.

Das fremde Mädchen heißt

N Duschka.

T Dunja.

R Duschkabine.

Am Ende der Sackgasse ist

A eine Mauer.

O ein Baum.

E ein Kanal.

Jana, Mia und Chrissi spielen

TT Detektiv.

LL Dame.

MM Verstecken.

Die Buchstaben neben den richtigen Antworten verraten dir, wie man zu neuen Kindern in der Klasse sein sollte:

__ __ __ __

Male alle Felder aus, in denen ein Vokal steht. Welches Tier siehst du?

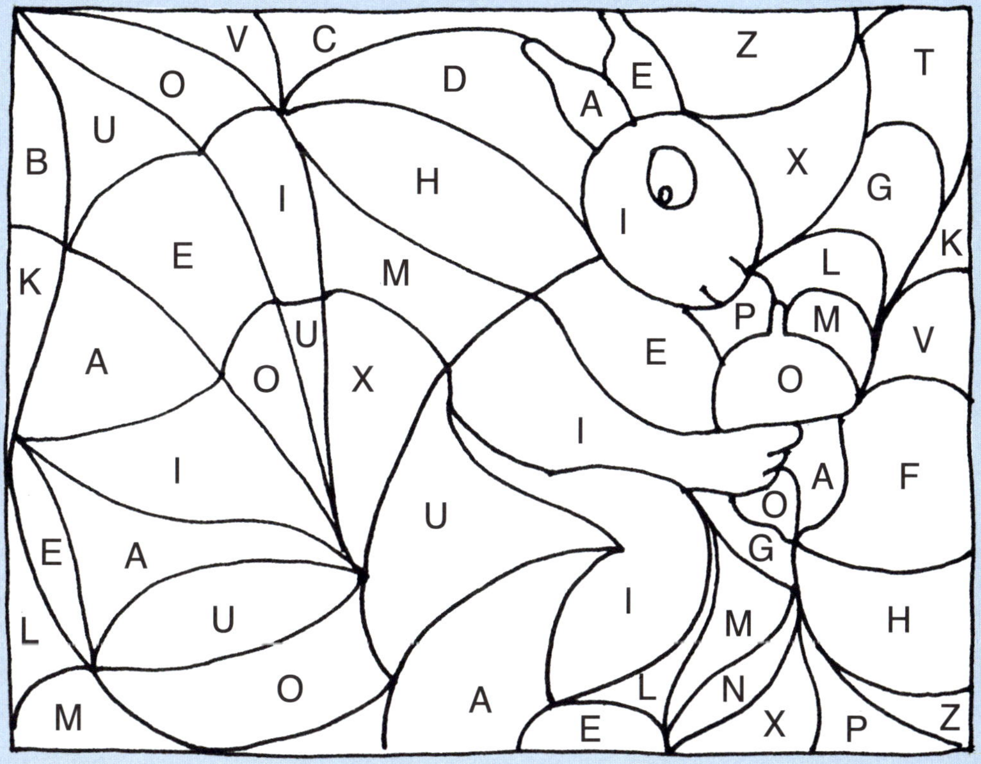

__ __ C __ __ Ö __ __ __ __ E __

Der Seiltanz

„Ein Stahlseil“, denkt Duschka.
Jetzt grinst sie wieder.
„Was grinst du so?“, sagt Jana. „Wir haben dich auf jeden Fall!“
„Das glaubst auch nur du“, sagt Duschka und lacht. Sie dreht sich um und setzt einen Fuß auf das Stahlseil.
„Nein!“, rufen die Mädchen erschrocken.
„Doch!“, sagt Duschka, breitet die Arme aus und läuft über das Seil auf die andere Seite des Kanals.
„Die kann ja Deutsch!“, sagt Mia.

„Warum soll ich nicht Deutsch können?“, ruft Duschka und setzt sich lachend ins Gras. Die Mädchen sind sprachlos.

„He! Wer traut sich?“, ruft Duschka.

„Das ist streng verboten!“, sagt Jana.

„Fremde Kinder jagen ist auch streng verboten, oder?“, sagt Duschka.

„Wir haben doch gar nichts gemacht“, sagt Chrissi.

„Wir hauen ab!“, zischt Jana leise. „Los!“

Michi und Boris haben alles beobachtet.
Sie sehen, wie die Mädchen weglaufen und
wie Duschka über das Seil zurückkommt.
„Das möchte ich auch können“, flüstert Michi.
Sie folgen Duschka bis zu einem Platz am
Ortsrand. Da stehen mehrere Wohnwagen
um einen weißen Laster herum.
Auf den Laster ist ein großes Bild gemalt.
„Ach so!“, sagt Michi, als er das Bild sieht.
„Jetzt versteh ich!“

Als Michi am nächsten Morgen in die Schule kommt, stehen die Schüler aufgeregt auf dem Hof. Alle freuen sich, nur die drei Detektivinnen schauen grimmig.
„Was ist denn?“, fragt Michi.
„Sie sind hier bei uns auf dem Schulhof!“, ruft Boris. „Schau, da ist sie!“
Vor lauter Leuten hat Michi Duschka gar nicht gesehen. Sie trägt ein buntes Trikot und ein Faltenröckchen. Sie steht mit einem großen Mann vor dem weißen Laster und strahlt vor Stolz und Freude.

Alle können jetzt das Bild auf dem Laster sehen. Es zeigt den Mann, der neben Duschka steht. Hoch oben zwischen zwei Kirchtürmen geht er über ein Seil. Darunter steht in großen Buchstaben: DUSCHKO und DUSCHKA – LUFTTÄNZER. Neben dem Laster ist ein Drahtseil zwischen zwei Ständern gespannt.

Da kommt die Rektorin heraus und begrüßt alle Kinder: „Alle herhören! Das ist Herr Duschko. Und seine Tochter Duschka. Herr Duschko wird am Wochenende auf einem Seil bis zur Kirchturmspitze laufen. Aber heute zeigt uns seine Tochter schon mal ein paar Seiltänzer-Kunststücke hier auf dem Schulhof. Begrüßen wir mit einem großen Applaus: Duschko und Duschka!“

Die Kinder klatschen. Duschka verbeugt sich tief und steigt aufs Seil. Sie hat einen kleinen Schirm in der Hand zum Balancieren, aber sie läuft so leicht über das dünne Seil, als würde sie durch die Luft tanzen und könnte nie herunterfallen.

„Na, was guckt ihr so mürrisch?“, fragt Frau Bode die drei Detektivinnen. „Ist es nicht großartig, dass jemand so was kann?“

„Sie hätte ja was sagen können!“, mault Jana.

„Sie wollte uns überraschen!“, sagt Frau Bode.

„Ihr habt gedacht, Duschka ist total blöd, stimmt's?", sagt Michi. „Nur weil sie ein bisschen anders ist als ihr."

„Nein, Michi", sagt Frau Bode. „In unserer Klasse denken wir so was nicht. Außerdem wird Duschka noch vierzehn Tage bei uns sein. Da können wir uns gegenseitig gut kennenlernen. Und jetzt Applaus!"

Leserätsel

Was stimmt?
Kreuze an.

Duschka läuft

- M über den Schulhof.
- N über das Wasser.
- W über das Seil.

Duschka trägt

- EH ein buntes Trikot.
- AH ein buntes T-Shirt.
- OH ein buntes Top.

Michi und Boris

T foppen Duschka.

R folgen Duschka.

N fragen Duschka.

Die Buchstaben neben den richtigen Antworten ergeben ein Lösungswort:

__ __ __ __

Entdeckst du fünf Zirkuswörter? Kreise sie ein.

E	R	T	R	I	K	O	T	Ü	Ü
W	A	Q	T	N	Ö	I	U	G	T
X	W	O	H	N	W	A	G	E	N
D	L	Ö	I	B	T	F	U	T	B
O	H	F	T	B	K	W	Z	F	T
S	E	I	L	T	Ä	N	Z	E	R
A	R	A	P	P	L	A	U	S	G
Ä	T	V	N	M	U	F	R	C	H
K	U	N	S	T	S	T	Ü	C	K
I	R	V	N	M	T	S	E	M	B

Infoseite
Vorurteile – richtig oder falsch?

Was ist ein Vorurteil?

Oft denken wir, dass wir einen fremden Menschen schon auf den ersten Blick genau einschätzen können. Wir bewerten und beurteilen ihn, bevor wir ihn wirklich kennen. Wir fällen also ein Vorurteil.

Ist ein Vorurteil immer etwas Schlechtes?

Früher waren Vorurteile sehr wichtig. Sie halfen dem Urzeitmenschen, in einer gefährlichen Situation schnell zu handeln. Wenn er ein gefährliches Tier sah, wusste er sofort, dass er wegrennen musste. Auch heute können uns Vorurteile schützen. Sie bewahren uns davor, Fremden allzu schnell zu vertrauen.

Wann sind Vorurteile falsch?

Schnell zu urteilen, ist aber nicht immer richtig. Meistens fällen wir Vorurteile über fremde Menschen, zum Beispiel über ein neues Kind in der Klasse. Fremde Kinder sind jedoch keine gefährlichen Tiere, vor denen wir uns schützen müssen. Wir sollten jedem erst mal eine Chance geben, ihn richtig kennenzulernen.

Wie wird man ein Vorurteil wieder los?

Fast jeder hat Vorurteile. Oft ist es gar nicht so leicht, sie wieder loszuwerden. Deine Vorurteile kannst du bekämpfen, indem du vor allem deinen Kopf benutzt. Mach dir ein eigenes Bild, bevor du urteilst!

Lösungen

Seite 70/71:

Das fremde Mädchen heißt Duschka.
Am Ende der Sackgasse ist ein Kanal.
Jana, Mia und Chrissi spielen Detektiv.
Zu neuen Kindern in der Klasse
sollte man NETT sein.
Lösungswort: EICHHÖRNCHEN

Seite 80/81:

Duschka läuft über das Seil.
Duschka trägt ein buntes Trikot.
Michi und Boris folgen Duschka.
Lösungswort: WEHR

E	R	T	R	I	K	O	T	Ü	Ü
W	A	Q	T	N	Ö	I	U	G	T
X	W	O	H	N	W	A	G	E	N
D	L	Ö	I	B	T	F	U	T	B
O	H	F	T	B	K	W	Z	F	T
S	E	I	L	T	Ä	N	Z	E	R
A	R	A	P	P	L	A	U	S	G
Ä	T	V	N	M	U	F	R	C	H
K	U	N	S	T	S	T	Ü	C	K
I	R	V	N	M	T	S	E	M	B

Lesen lernen mit der Lesemaus

Liebe Eltern,

alle Kinder wollen lesen lernen. Sie sind von Natur aus wissbegierig. Diese Neugierde Ihres Kindes können Sie nutzen und das Lesenlernen frühzeitig fördern. Denn Lesen ist die Basiskompetenz für alles weitere Lernen. Aber Lesenlernen ist nicht immer einfach. Es ist wie mit dem Fahrradfahren: Man lernt es nur durch Üben – also durch Lesen.

Lesespaß mit Lesepass

Je regelmäßiger Ihr Kind übt, desto schneller und besser wird es das Lesen beherrschen. Eine schöne Motivation kann dabei ein Lesepass sein, den Sie zusammen mit Ihrem Kind basteln können.
Vereinbaren Sie mit ihm eine kleine Belohnung, die es für eine bestimmte Anzahl an Trainingsminuten gibt.
Eine Leseeinheit können zum Beispiel 10 Minuten sein.
Für jede Leseeinheit gibt es einen Sammelpunkt – und nach einer zu vereinbarenden Anzahl von Punkten dann die kleine Belohnung.

Wie können Sie Ihr Kind beim Lesenlernen unterstützen?

Je positiver Kinder das Lesen erleben, desto motivierter sind sie, es selbst zu lernen. Versuchen Sie, Ihrem Kind

ein Vorbild zu sein. Zeigen Sie Ihrem Kind, dass Lesen und Schreiben zum Alltag gehören. Etablieren Sie gemeinsame Leserituale. So erfährt Ihr Kind: Lesen macht Spaß!
Lesen Sie Ihrem Kind mindestens bis zum Ende der Grundschulzeit vor. Auch wenn Ihr Kind zunehmend eigenständig liest, bleibt das Vorlesen ein schönes und sinnvolles Ritual.

Lesen lernen mit der Lesemaus

Jedes Kind lernt unterschiedlich schnell lesen. Orientieren Sie sich bei der Auswahl von Erstlesebüchern daher an den Interessen und Lesefähigkeiten Ihres Kindes. Die Geschichten sollen Ihr Kind fordern, aber nicht überfordern. Die Lesemaus zum Lesenlernen bietet spannende und leicht verständliche Geschichten für Leseanfänger. Altersgerechte Illustrationen helfen, das Gelesene zu verstehen.
Mit lustigen Leserätseln können die Kinder ihre Lernerfolge spielerisch selbst überprüfen. Außerdem gibt es in jedem Band interessante Sachinfos für Jungen und Mädchen.

Ihnen und Ihrem Kind viel Spaß beim Lesen!

Lesenlernen mit Spaß

978-3-551-06638-1

978-3-551-06642-8

978-3-551-06645-9

978-3-551-06651-0

978-3-551-06654-1

EINFACH LESEN LERNEN

DAS KÖNNTE DIR AUCH GEFALLEN:

BOBBY UND BOSS: FREUNDE IM ANFLUG
ISBN 978-3-551-69017-3

DIE SCHULE DER MAGISCHEN TIERE ERMITTELT 5: DER GURKENSCHURKE
ISBN 978-3-551-65595-0

BITTE NICHT ÖFFNEN, SONST ... 1: YETI-RITTER-SCHNEEGEWITTER
ISBN 978-3-551-69043-2

DAS KLEINE WIR IN DER 1. KLASSE
ISBN 978-3-551-69026-5

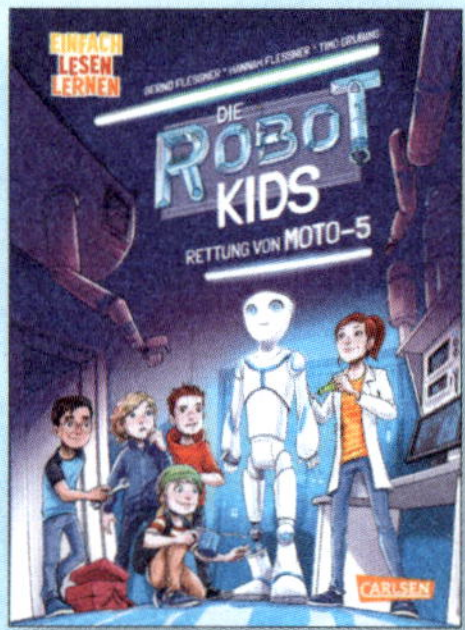

DIE ROBOT-KIDS 1: RETTUNG VON MOTO-5
ISBN 978-3-551-69020-3

MINECRAFT SILBEN-GESCHICHTE: ABENTEUER – BIS DIE SCHULE WACKELT!
ISBN 978-3-551-06565-0

KÄPTEN MATZ: ... UND DER RIESEN-STRUDEL
ISBN 978-3-551-69039-5

ACHTUNG!: STEILER SCHULWEG
ISBN 978-3-551-69028-9

EINFACH LESEN LERNEN

NOCH MEHR LESESPASS!

THEO UND MARLEN: AUF DER INSEL
ISBN 978-3-551-69033-3

CONNI UND DIE FREUNDSCHAFTSSTERNE
ISBN 978-3-551-69068-5

IM LICHT DER ZAUBERKUGEL: DER DSCHUHA UND DER ESELRITT
ISBN 978-3-551-69031-9

DIE FEUERWEHR KOMMT NACKIG HER
ISBN 978-3-551-69066-1

HEIDI: BARFUSS IN DEN BERGEN
ISBN 978-3-551-69030-2

SISSI: DIE PFERDE-PRINZESSIN
ISBN 978-3-551-69043-2

ZARI UND NIVAAN – DIE GESCHICHTE EINER FLUCHT
ISBN 978-3-551-69006-7

ZOFF! BUMM! BÄMM! – EIN STREITBUCH
ISBN 978-3-551-69088-3

WWW.CARLSEN.DE

CARLSEN

Sonderausgabe im Sammelband

ISBN: 978-3-551-06663-3
Umschlagillustration und Vorsatz: Marion Elitez
Illustration der Lesemaus: Hildegard Müller
Umschlagkonzeption: Gunta Lauck
Lektorat: Constanze Steindamm
Satz: Karin Kröll
Lithografie: ReproTechnik Fromme, Hamburg

Alle Bücher im Internet: www.lesemaus.de
Newsletter mit tollen Lesetipps kostenlos per E-Mail: www.carlsen.de

KARLA
PIT
MIA
KARLA
PIT